Karibu

Erarbeitet von:
Katharina Berg, Astrid Eichmeyer, Heidrun Kunze,
Esther Mager, Claudia Stiebritz, Kerstin von Werder

Wissenschaftliche Beratung:
Carola Reuter-Liehr, Dr. Lisa Dummer-Smoch

Illustriert von Svenja Doering und Falko Honnen

westermann

Inhaltsverzeichnis

In der Schule	4
Piloten (Vokale)	8
Silben	10
M m, L l, S s	12
So funktioniert Lesen	18
In jeder Silbe ist ein Pilot (Vokal)	20
W w, R r, F f, N n	22
Geschlossene Silben	30
T t, Au au, Ei ei	32
Mitsprechbare Doppelkonsonanten	38
H h, D d, Sch sch	40
Großschreibung konkreter Nomen	46
K k, Z z, P p	48
Konsonantenhäufung	54

G g, J j, Eu eu	56
Satzanfang und Punkt	62
Ch ch, Ü ü, Ö ö, B b	64
a/ä und au/äu	70
St st, Sp sp, ie, Qu qu	72
Konsonantendoppelung am Wortende	78
Nomen verlängern	79
V v, C c	80
Doppelung bei Verben	84
ck und tz	85
Pf pf, ß, X x, Y y	86
Einteilung der Wörter	90
Anhang	92

sich selbst darstellen; Muster fortsetzen; den eigenen Namen mehrfach schreiben

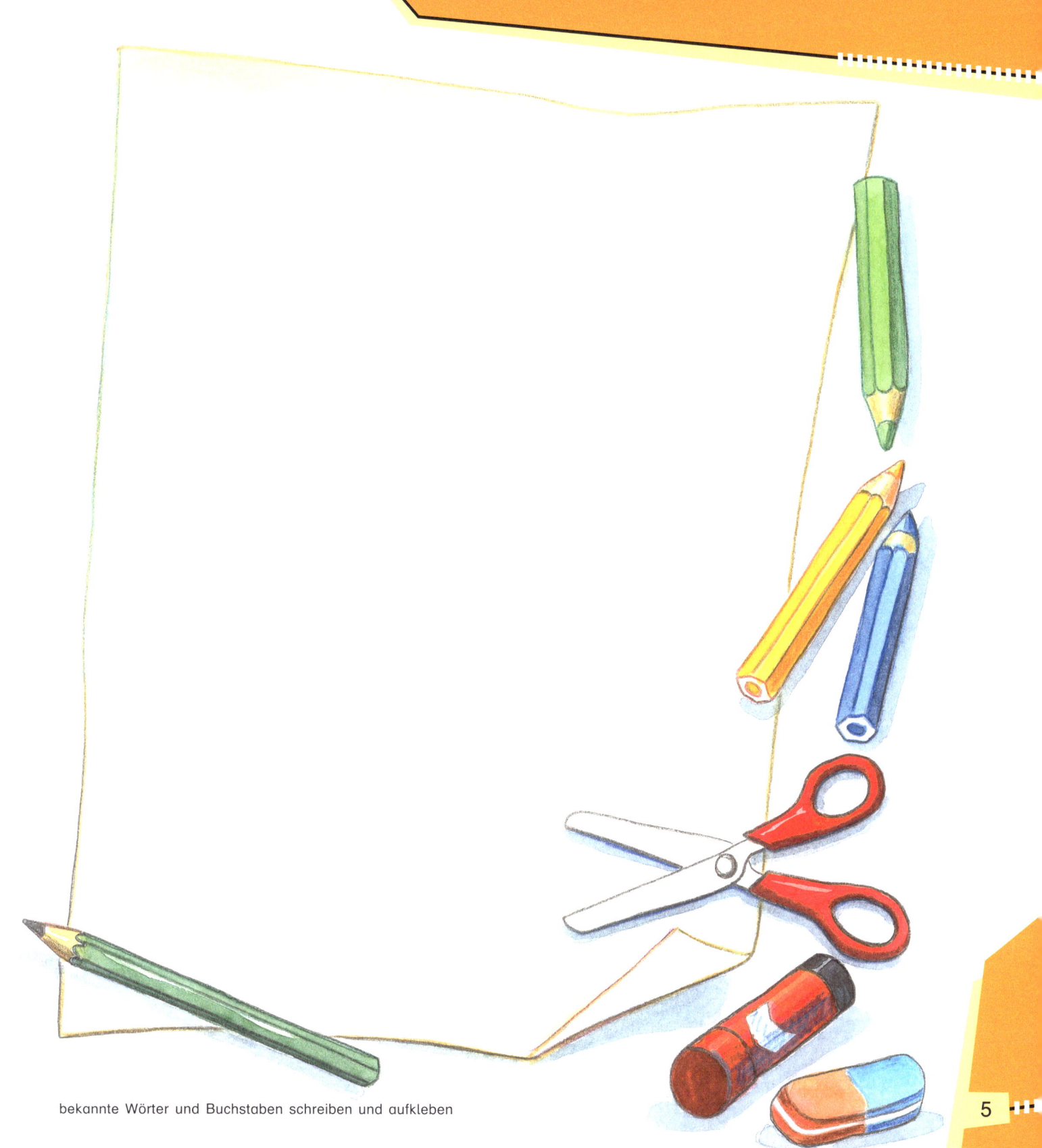

bekannte Wörter und Buchstaben schreiben und aufkleben

Anlautbilder aus der Anlauttabelle einkreisen/anmalen

Piloten (Vokale) mit den passenden Mundbildern und den passenden Anlautbildern verbinden

Silben

Silbenübungen kennenlernen

Silbenübungen kennenlernen; gesprochene Wörter in Silben einteilen und den Silbenbögen in der Tabelle zuordnen

Ma	Mu	ma	Ma ma	Momo
Mi	Mo	me	Ma mi	Mimi
	Me	mi	O mi	Oma
		mo		
		mu		

Klasse 1	🥒	🫑	🥕	🫛	🍌
(M)ario	X				
Tim				X	
Melina		X	X		
Liam	X				

M/m einkreisen; ein gesundes Frühstück planen; das eigene Frühstück darstellen/aufschreiben; differenzierte Leseübung

L l

La   lo   Ma li   Lomo
  Le   la
Li Lo   li   Mi lo   Lama
          lu
Lu   le   Me lu   Limo?

Lu lu

Li lo

A li

O le

Ma le!

Ich ♥ lila Limo!

Lama Lela

S s

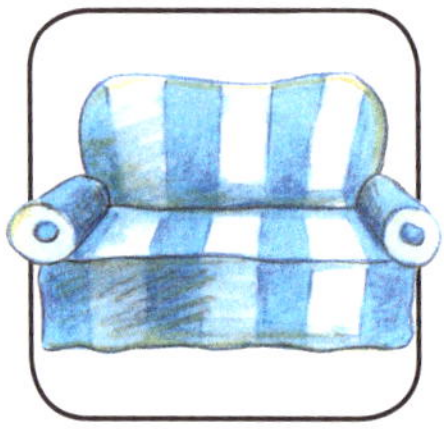

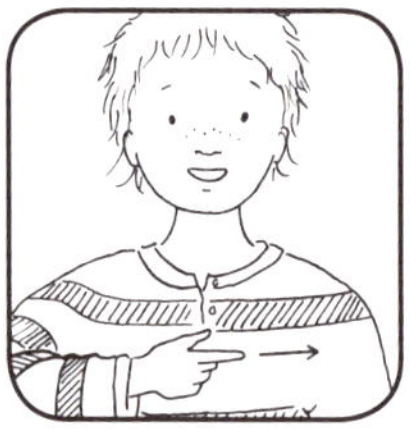

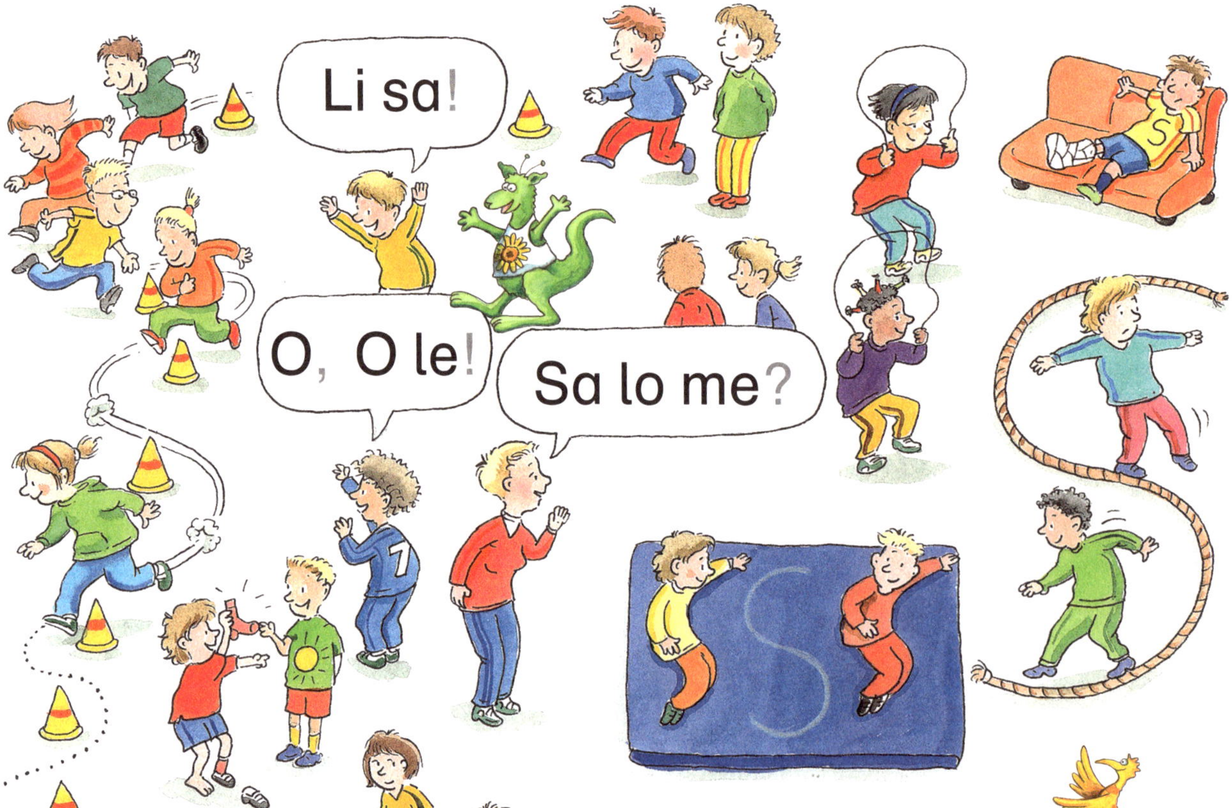

"Li sa!"
"O, O le!"
"Sa lo me?"
"Su si, Su si!"

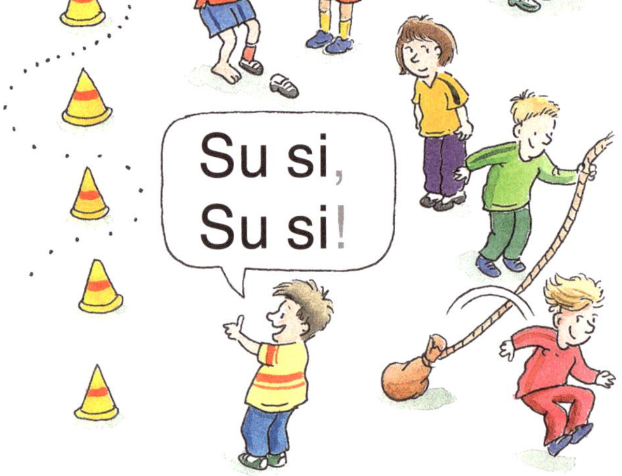

Sa			so
Su	Se	se	si
Si	So	sa	su

Li sa

Su

Mo se

Salome

Lisa

So funktioniert Lesen

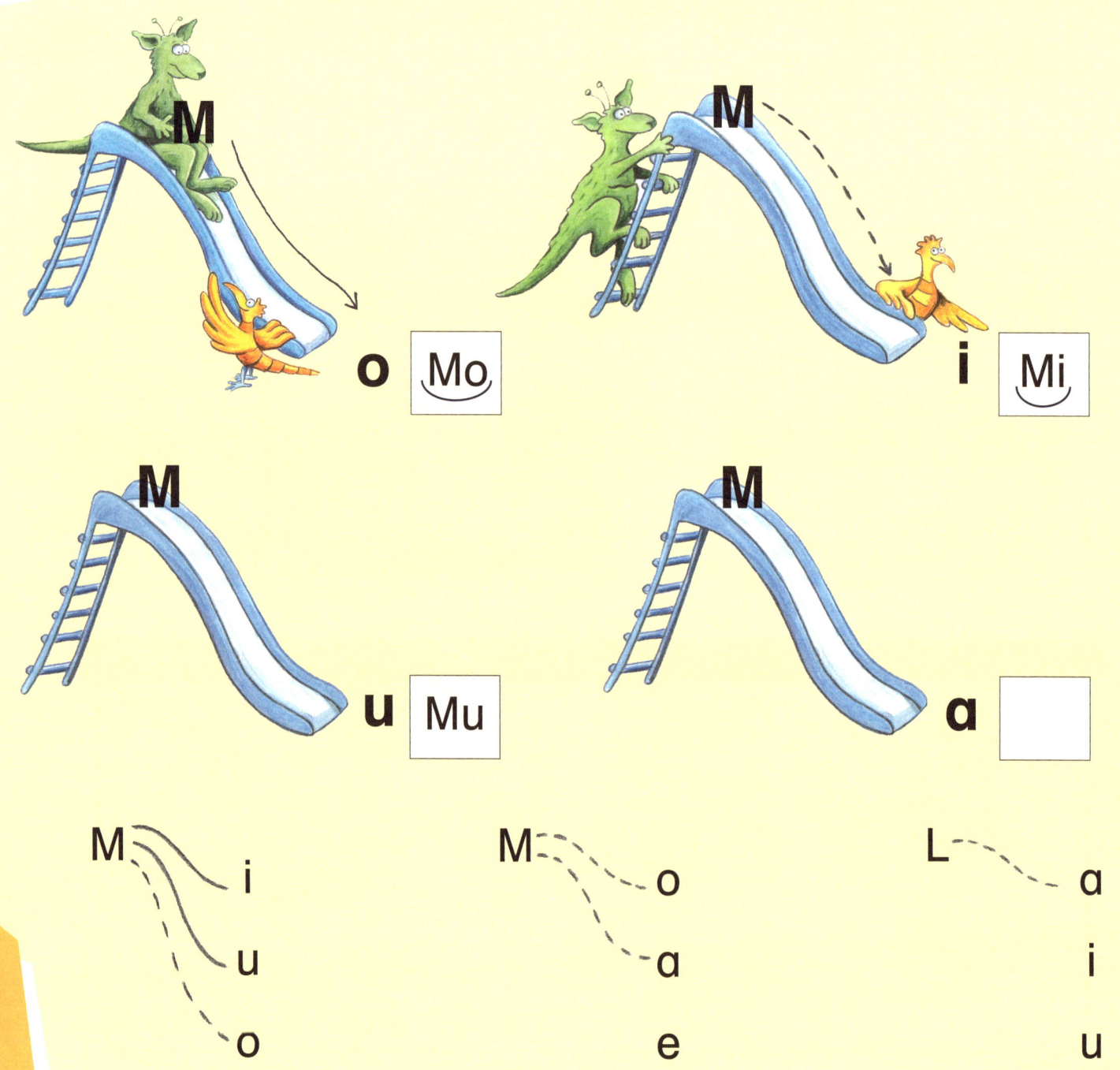

Situation erkennen und beschreiben; Silben lesen; Silbe *Ma* verschriften; Laute zu Silben verbinden und lesen

Piloten (Vokale) markieren; Silbenbögen nachziehen; Silben lesen; weitere Silben eintragen

In jeder Silbe ist ein Pilot (Vokal)

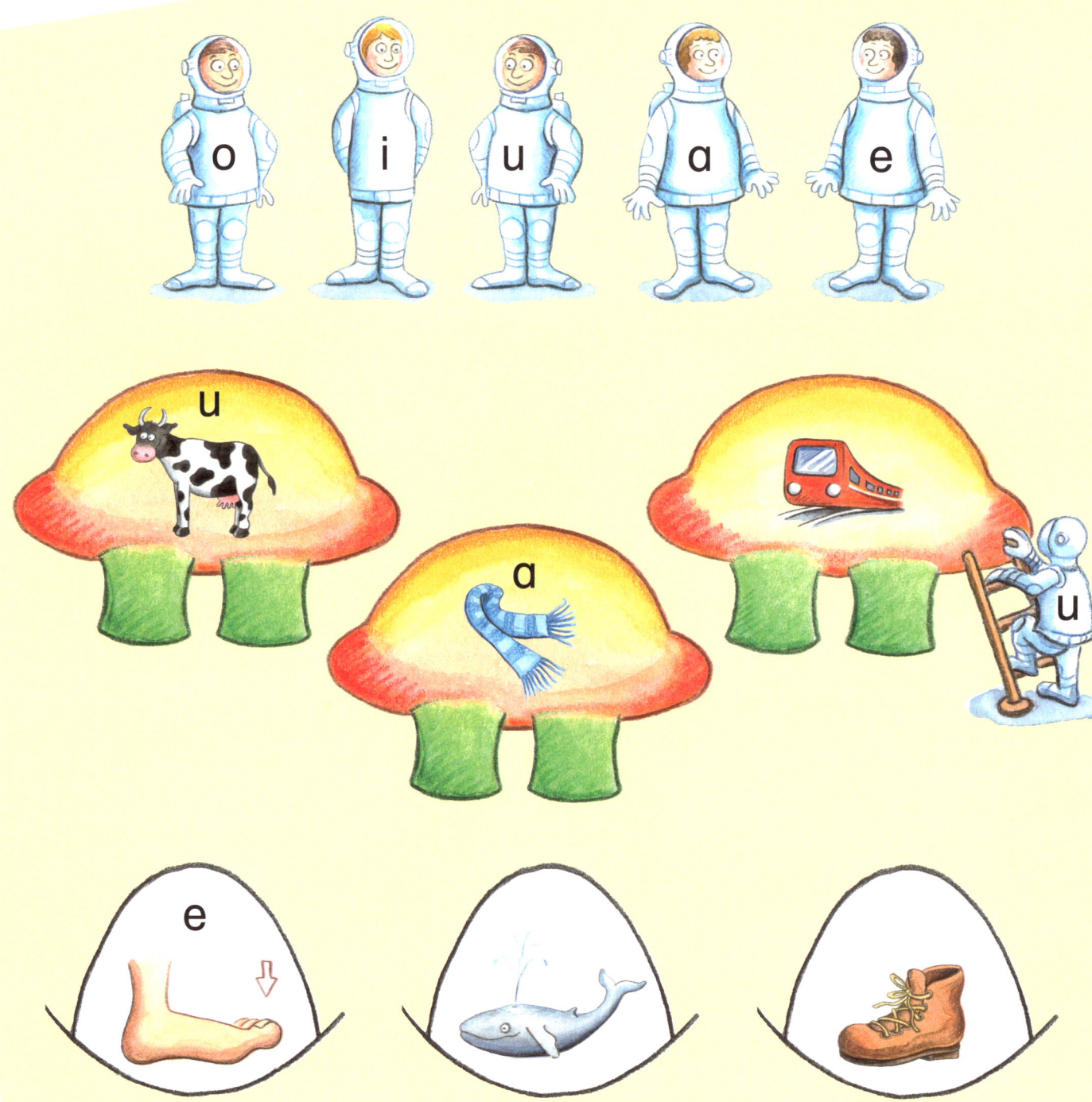

Wörter lesen; passende Piloten (Vokale) eintragen; Silbenbögen nachziehen

W w

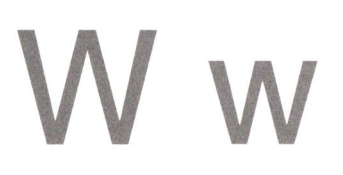

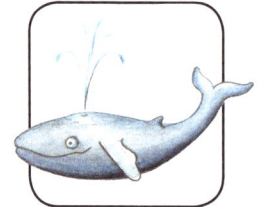

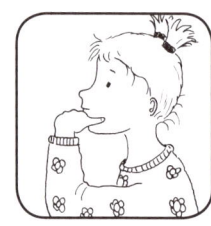

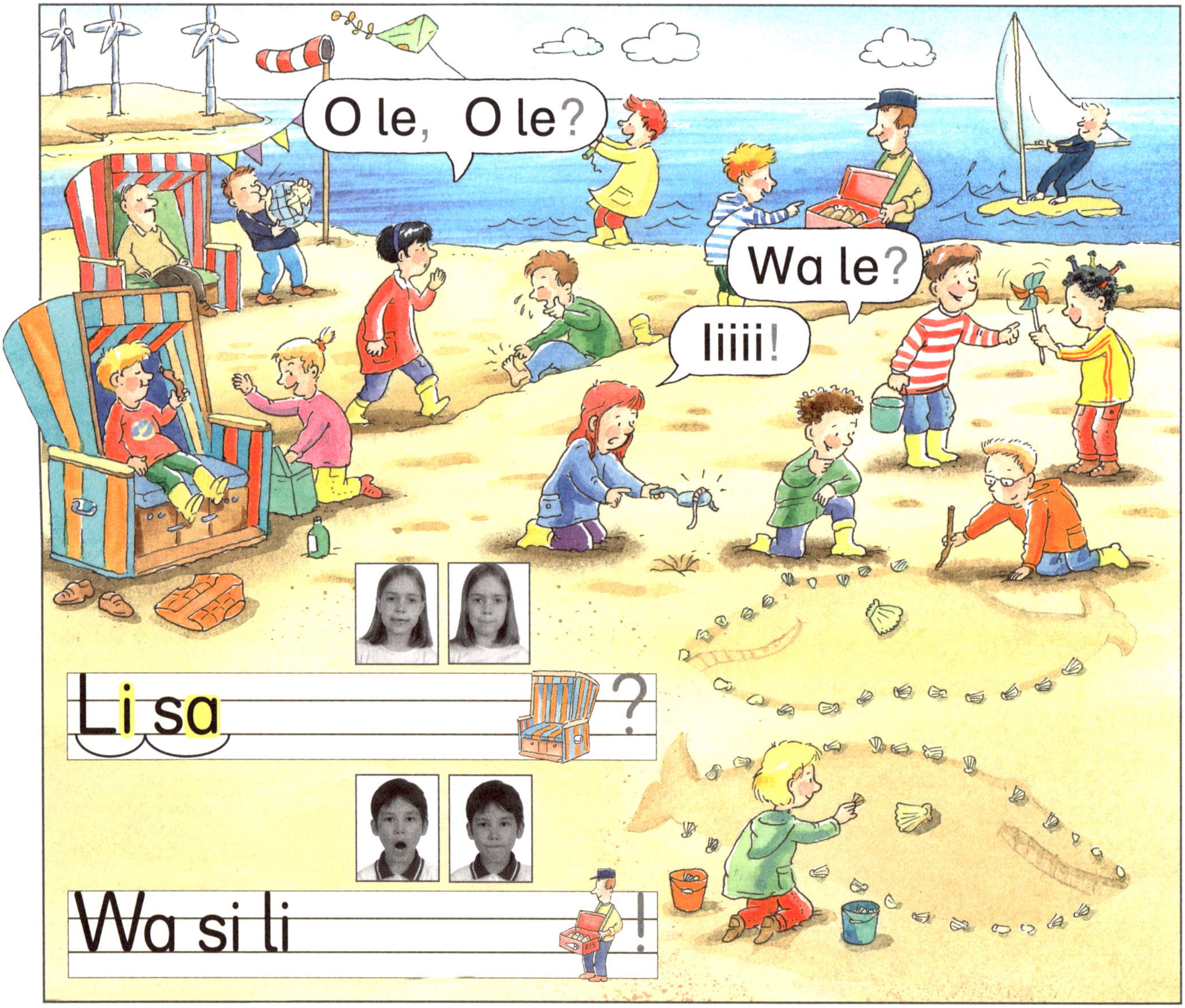

Situation auf dem Bild erkennen und beschreiben; Wörter mit W/w im Anlaut finden und markieren; Silbenarbeit; Mundbilder lesen und schreiben; Zeile lesen

wi wa wo

mi ma mo

mi ma ma le

Male lila Wale.

Hallo, Oma!
Ich bin am Wasser.

An Oma

R r

 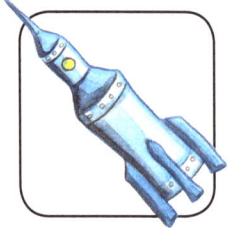 

Ri	Ro	ra	ro	ar me	Marisa
Ru	Ra	ru	re	ro sa	Wasili
Re			ri	ra se	Samira
				Ro se	Mario

O, ist mir warm!

Wer ist **wo**?

Wo ist Mi ra?

Mi ra ist im 🚗.

Ist Sa mi ra am 🪵?

Wo ist Ma ri o?

Ma ri o ist am 🏠.

Wo ist Lara?

Lara

		So fa	Fe mi	rufe
Fi	Fa	Al fi	Sa fa ri	Mofa
fe	fo	Fi lo	Sa mi ra	lila
fu		Fi fa	Wa si li	Elfe

Ist Al fi im 🌲🌲🌲? ❌ 😢

Ist Fe mi am 🔥? 🙂 😢

Ist O le am 🚲? 🙂 😢

Ist Fi lo im 💧? 🙂 😢

Wo ist Filo?

Filo

Fiona findet fünf Frösche.

 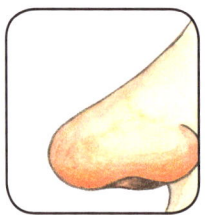 

Na se	an	le sen	Melone
Na me	in	ma len	Rosine
Ni na	nun	ru fen	Lawine
Ne ro	los	ra sen	Sirene

Situation auf dem Bild erkennen und beschreiben; Wörter mit N/n finden und markieren; Silbenarbeit; Wörter lesen

Wir rufen unsere Oma an.

Wir rasen im Nu los.

Lisa und Mose lesen.

Su und Ali malen.

Wo ist Papa nur?
Ist Papa in Not?

Geschlossene Silben

O! Nun mal los!

Wo sitzt nur der Pilot?

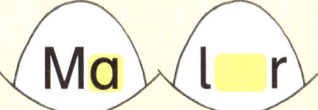      

Piloten (Vokale) markieren; fehlende Piloten einsetzen; differenzierte Leseübung

T t

Am Telefon

Salomes Telefon tutet.

Malte Taler ist am Telefon.

„Malte? Was wollen wir tun?"

„Wollen wir mit Mose und Lasse ans Wasser?"

„Ich rufe Mose mal an."

Nun ist Mose am Telefon.

„Was ist los?"

Wer mit wem?

Tamara

M

Timo

Toto

Renato

Alte Telefone hatten keine Tasten.

Renato mit

Au au

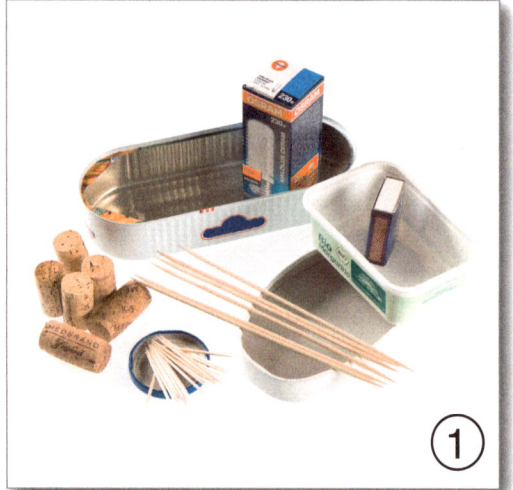

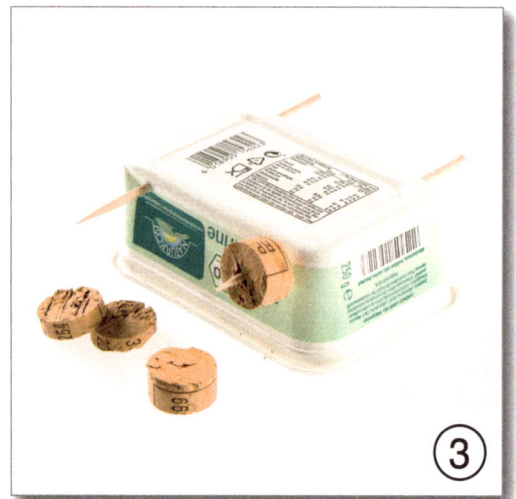

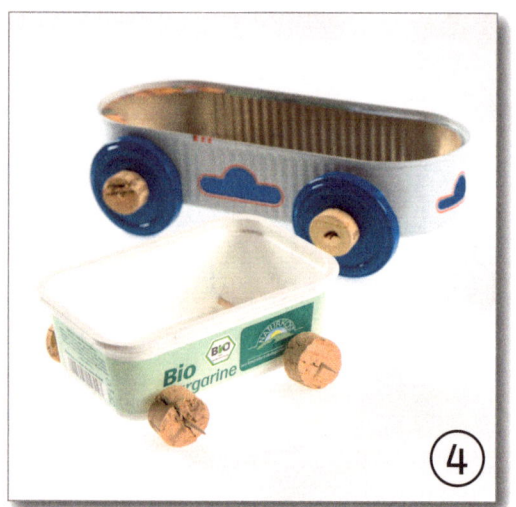

Autos rollen.   Tolle Autos sausen los.

Autorennen

Alle Autos rasen los.
Ole und Lulu rufen laut:
„Lauras Auto ist raus."
Wer ist Nummer 1?
Es ist Timos tolles Auto.

Supertolles Autorennen.

Ei ei

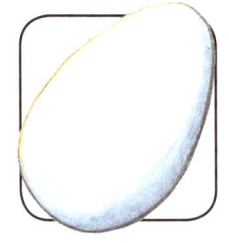 

ein – eine?

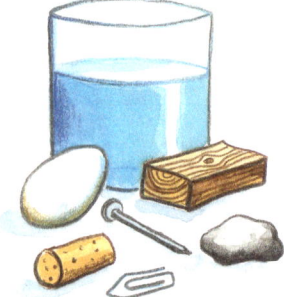

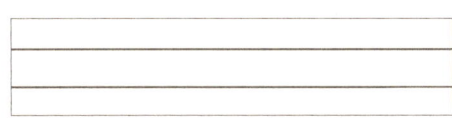

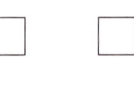

Situation erkennen und beschreiben; Artikel zuordnen; ankreuzen, was schwimmt und was sinkt; ein eigenes Beispiel finden

Enten-Ei

Meisen-Ei

Auf einem Ast
ist ein Nest.
Im Nest ist ein Ei.
Ist es ein Enten-Ei?
Nein!
Ist es ein Amsel-Ei?
Nein!
Was ist es also?

Amsel-Ei

Es ist ein

Und wie klein ist ein Ameisen-Ei?

Mitsprechbare Doppelkonsonanten

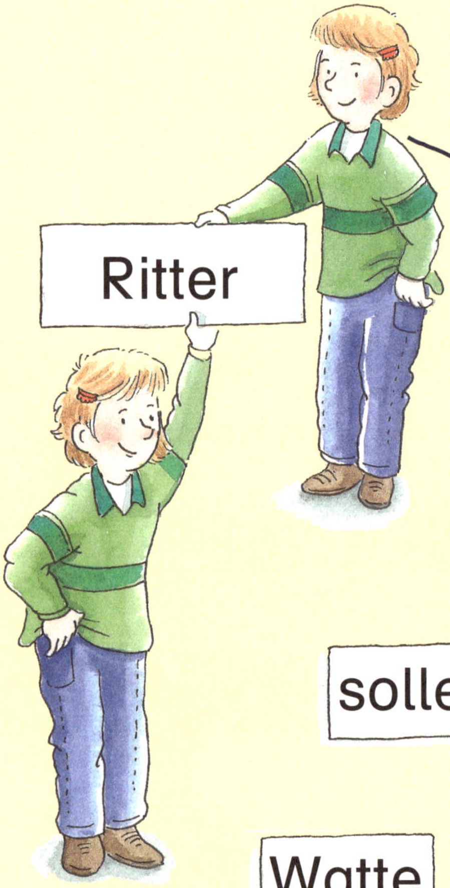

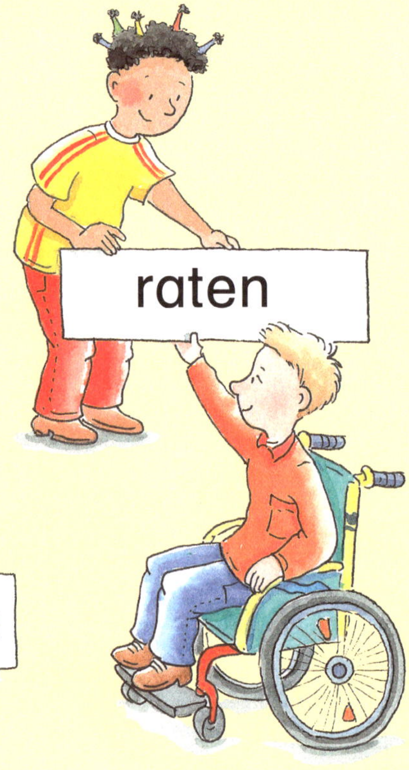

Ritter

Tasse

rufen

raten

Wasserwellen

rennen

lesen

sollen

Nummer

Watte

Nase

Automaten

Som mer

Som mer son ne

Som mer son nen wet ter

Situation erkennen und Rechtschreibproblem benennen; Silbenarbeit; Wörter lesen; Wörter mit und ohne Doppelkonsonanten zuordnen; Leseübung

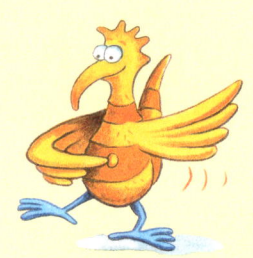

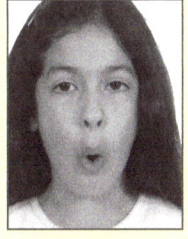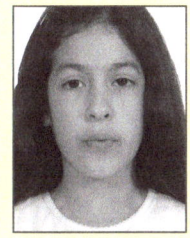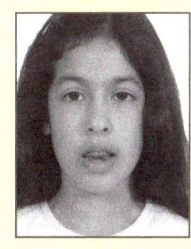   O‿fen

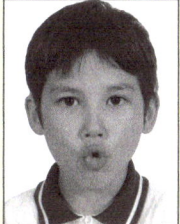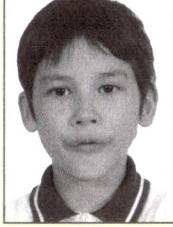   of‿fen

	t	tt	Note
	t	tt	
	f	ff	
	f	ff	
	l	ll	
	l	ll	

Konsonantenverdoppelung kennzeichnen; Wörter schreiben; Silbenarbeit

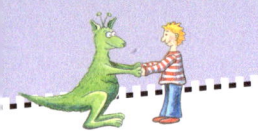

H h

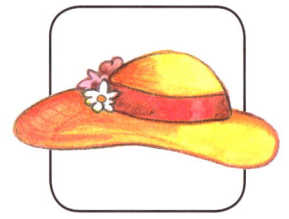

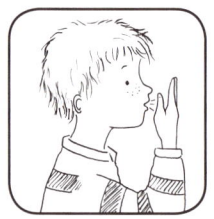

Im Haushalt helfen alle mit.

Nur Hasso und Hase Heini

sausen umher.

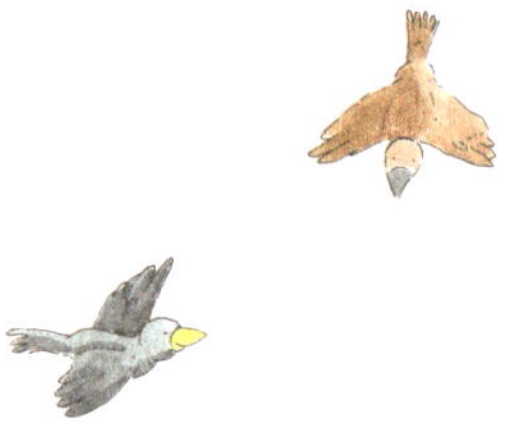

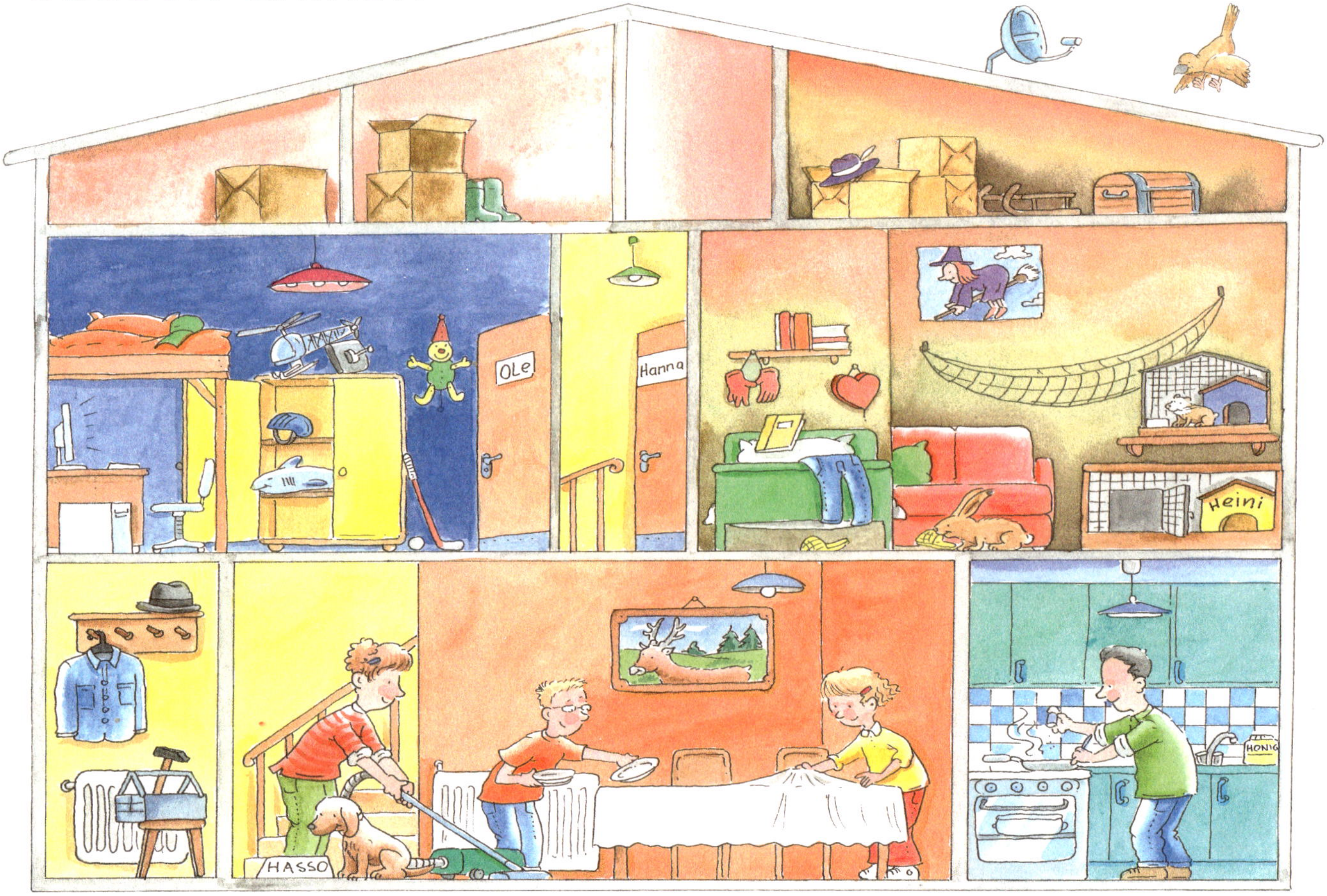

Situation erkennen und beschreiben; Wörter mit H/h im Anlaut/Inlaut finden und einkreisen; Silbenarbeit; Text lesen

Helfen

Wir helfen.

Wir helfen immer.

Wir helfen immer alle.

Wir helfen immer alle mit.

Wir helfen fast immer alle mit.

Ich helfe

D d

Die da

ist mit

der da da

und

die da

ist mit

dem da da.

nach Jürgen Spohn

Dennis ist mit Mose da.

Mose ruft: „Im Haus ist einer!"

Dennis und Mose wollen wissen:

„Wer ist das?"

Doris ruft:

„Herein, herein!

Ich lade alle ein!"

Doris teilt mit Dennis

und Mose das Haus.

Ich mit dir
und du mit mir,
das sind wir.

Sch sch

Men schen

Alle sehen anders aus.

Alle essen etwas anderes:
Fisch, Muscheln, Fleisch, Reis,
Nudeln oder nur etwas Hirse.

Menschen schlafen im Haus
oder unter freiem Himmel.

Feste feiern alle auf der Erde!

⌣	⌣
	X
X	

Menschen
fischen
naschen
forschen
duschen
waschen

Deine Reisetasche:

Mmm, manche Menschen mischen Reis mit Muscheln!

Silbenarbeit; Wörter lesen; Kreuzbogen bei geschlossener Silbe erkennen; Reiseerlebnisse schreiben/Flaggen malen; differenzierte Leseübung

Großschreibung konkreter Nomen

Kari und Bu,

Name	🦌	🪣
Lulu	Lama	Laterne

„Ich-sehe-was-was-du-nicht-siehst" spielen; Gegenstände anfassen; Text lesen; Nomen in Tabelle eintragen

K k

M<u>a</u>m<u>a</u> ruft:
„Lisa, lauf in den Keller
und hole Kekse."
Lisa ist im Keller.
Es raschelt in einer Kiste.
Was ist das?
„Ist da eine Maus?"
Hilfe!
Da ist ein komisches Wesen
in der Kiste.
Was ist das nur?

„O, es ist ein Kater.
Er hat einen Schal um den Hals
und Schuhe an."

„Hallo, mein Name ist
Kater Mikesch."

„Ein Wunder! Du redest mit mir?"

Weitere Abenteuer auf CD:

Silbenarbeit; Text lesen; die Geschichte weiterschreiben; differenzierte Leseübung

Z z

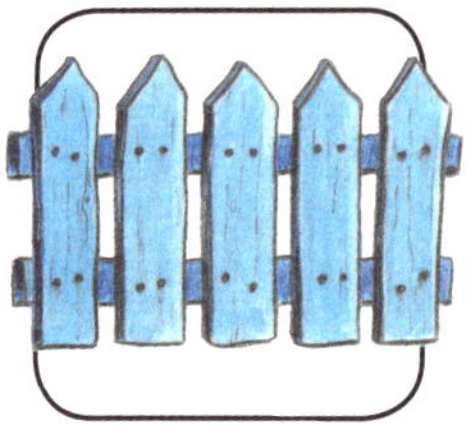

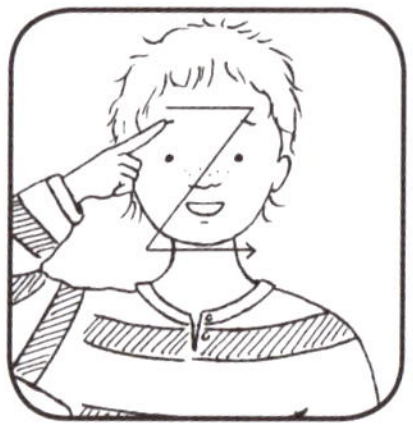

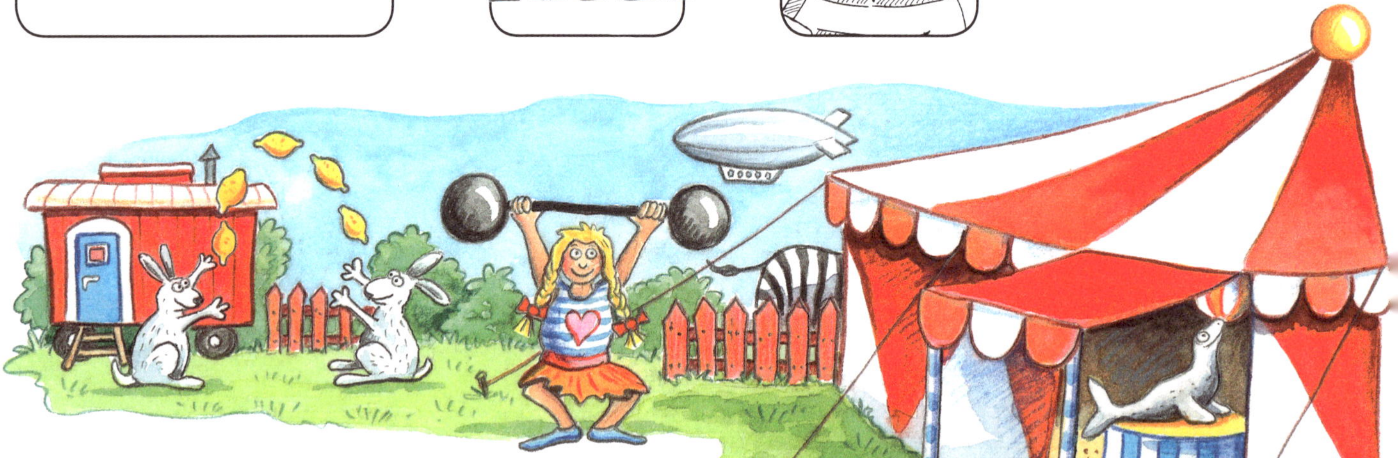

Am Zirkuszelt ist Zarini.
In seinem Hut hat er zwei Hasen.
Leise murmelt er:
„Ene mene Hasenschwein,
es sollen da zwei Katzen sein!"
Zisch, zisch, miau, wau, wau.

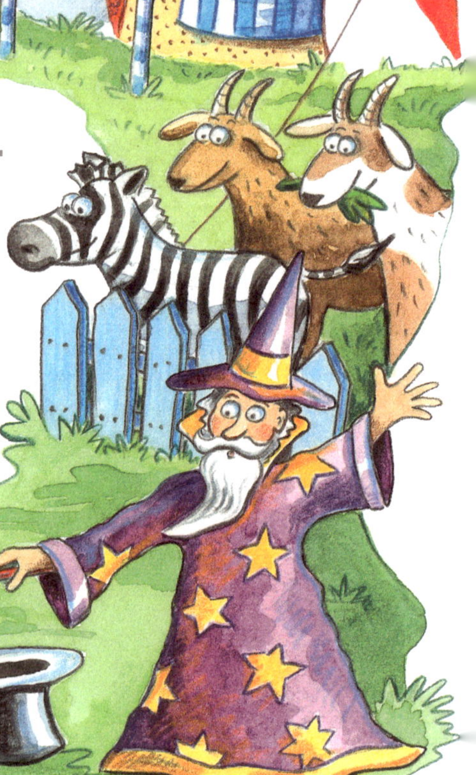

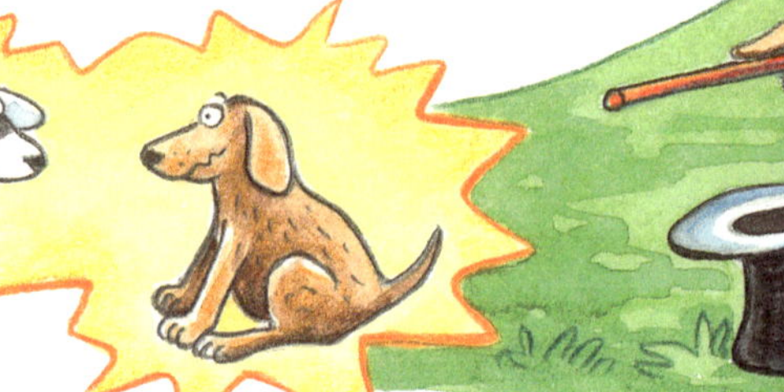

O, was ist das?

Situation erkennen und beschreiben; Wörter mit Z/z finden und markieren; Silbenarbeit; Text lesen

eine Katze   –   zwei Katzen

ein Hase   –

ein Schwein   –

ein Ferkel   –

Simsalabim, abrakadabra,
dreimal schwarzer Kater!

P p

Der kleine Pirat war anders.
Er enterte fremde Schiffe,
um Essen zu klauen.
Einmal kam ein schlimmer Orkan.
Die Wellen warfen seinen Kutter
auf einen Felsen.

Der Pirat landete auf einer einsamen Insel.
Also lernte er, auf Palmen zu klettern
und Datteln zu ernten.
Aus dem Ozean holte er mit seinen Netzen
oder einer Harpune Fische.
Einmal zappelte kein Fisch
in einem seiner Netze.

„Hallo, Milo! Hast du Zeit?"

„Ich lese in meinem Piraten-Heft.
Ich finde Piraten prima."

„Warum sind da immer nur Piraten
und keine Piratinnen?"

„Ich denke, Frauen wollen
keine Piratinnen werden."

„Mmm, oder Piraten wollen
keine Piratinnen auf den Schiffen.
Warum nur?"

Waren Piraten wirklich so tolle Kerle?
Suche in Büchern oder im Internet.

Konsonantenhäufung

rennen   leider   Reis
trennen Kleider Preis

Kr okodil

Kr

Tr aktor

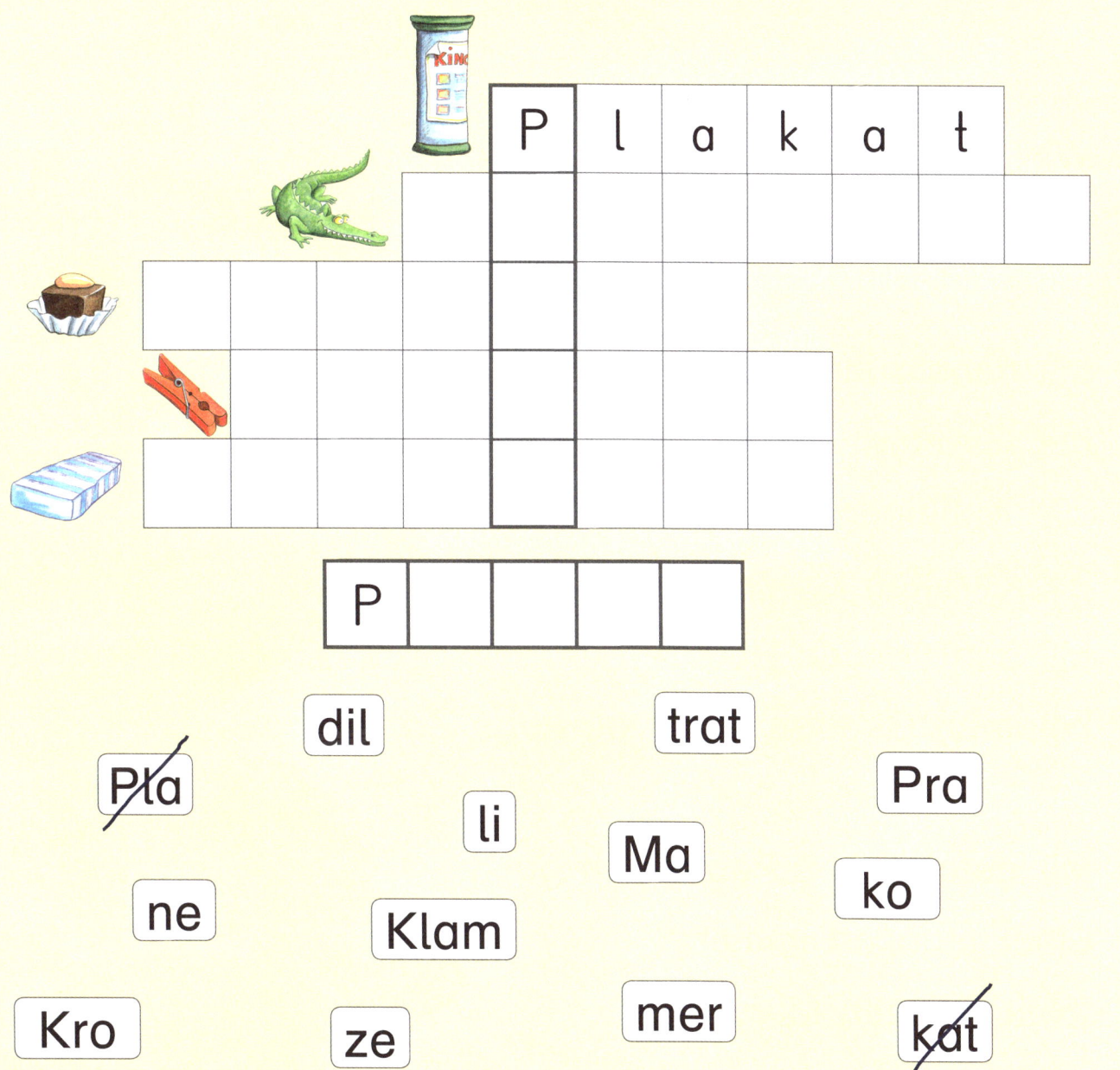

Bilder benennen; Silben zusammensetzen und durchstreichen; Wort schreiben; Konsonantenhäufung einkreisen; Lösungswort lesen

G g

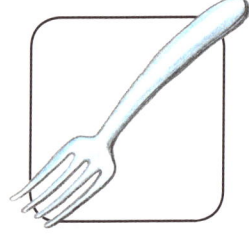 

Wir gehen mit der Klasse in den Zoo.
Das finde ich prima.

Ich gehe zuerst zu den Gehegen
der Giraffen und Antilopen.
Die Antilopen weiden am Zaun.
Die Giraffen kauen immerzu.
Mit dem langen Hals
kommen Giraffen sogar an hohe Zweige.

Mir gefallen die Papageien gut.
Einer plappert immer:
„Hallo! Guten Morgen!"

Silbenarbeit; Text lesen; eigene Zoogeschichten erzählen

Die Elefanten trotten im Gehege herum
und prusten Wasser in die Luft.
Zwei kleine Elefanten
laufen hinter der Mutter her.

Genauso interessant
finde ich die Gorillas.
Die kleinen Affen klettern
an langen Seilen hinauf
und schwingen hin und her.

Meine Lieblingstiere
sind Geparden.

J j

Eines Tages kam Papa
mit einer Kiste nach Hause.
In der Kiste hatte er
zwei kleine Welpen.

Die Hunde jaulten und japsten.
Jonas und Sonja kreischten:
„Kleine Hunde! Das ist ja super!"
Papa meinte:
„Das sind Jule und Maja."

Jonas und Sonja wollen gut
auf die jungen Hunde aufpassen.

Die Kinder gehen immer mit den kleinen Hunden in den Park oder Garten.
Dort tollen und jagen Jule und Maja herum.

Seit gestern gehen die Hunde in eine Hundeschule.
Dort lernen Jule und Maja, gehorsam an der Leine zu laufen.

Los, mach Sitz!

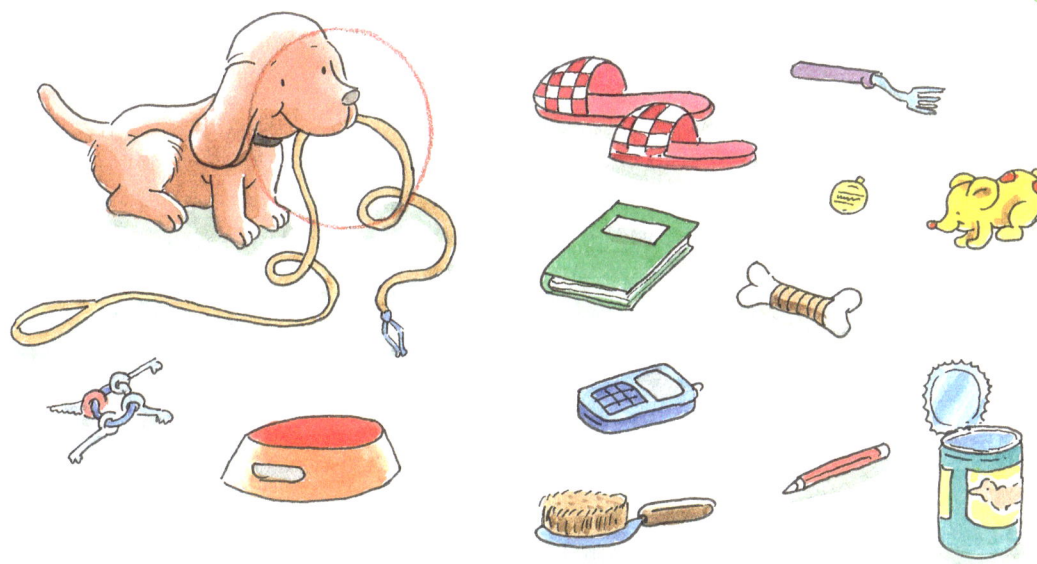

Eu eu

Auf der Klassenreise

Heute sind wir auf Klassenreise.

Auf dem Hof ist allerlei los:

Eine Eule schlummert auf einem Ast.

Im Efeu sitzen zwei scheue Katzen.

Eine Sau und neun Ferkel

laufen umher.

Ein Schaf kaut Grashalme.

Zwei Hunde schlafen in der Sonne.

Ole und Mose sitzen auf dem Traktor.
An der Scheune ist ein Heuhaufen.
Alle Kinder wollen dort schlafen.
Wir kuscheln uns ins Heu.

O nein, ich habe Heuschnupfen.

Satzanfang und Punkt

D
~~die~~ Eulen jagen Rehe fressen Gras alle Hasen schlafen

(D)ie Eulen jagen(.)

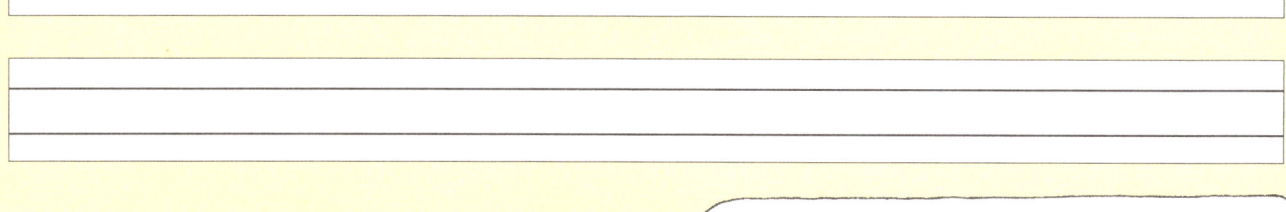

Hat es bei euch gefunkt? Am Ende ist ein Punkt(.)

die Kinder lesen

Die Kinder lesen.

zwei Hunde trinken

der Junge schaukelt

alle Schmetterlinge flattern in der Luft

zum Bild erzählen; Sätze bilden und diese aufschreiben; Satzanfang und Punkt einkreisen; eigenen Satz mit Anlauttabelle verschriften

Ch ch

Jan ist aus der Schule nach Hause gekommen.

Er wirft seinen Schulranzen fort.

„Hallo, Jan", ruft seine Mama.

Doch Jan antwortet nicht.

Die Katze scheucht er fort.

Sie faucht laut.

Sonst krault Jan sie ja immer.

So ist Jan doch sonst nicht!

Mutter wundert sich:

„Was hast du nur?"

Erst antwortet Jan nicht.

Nach einer Weile schreit er jedoch:

„Wut! Wut! Wut!"

„In der Schule war heute alles schlecht.

Ich hatte das neue Gedicht

noch nicht gelernt.

Und ausgerechnet ich kam

an die Reihe!

Die anderen Kinder lachten mich alle aus."

Mama ruft: „Da hilft nur eins.

Wir machen einen Wutkuchen.

Knetest du dort alle Wut hinein,

ist sie sicher schneller klein!"

Ich bin so wütend!

Die kleine Maus ist schlau

Der Uhu und die Schlange wollen

die kleine Maus gern fressen.

Darum denkt sie sich

den fürchterlichen Grüffelo aus.

Der Grüffelo hat feurige Augen,

eine lange Zunge und eine giftgrüne Warze.

Eines Tages taucht jedoch

ein echter Grüffelo auf. O je.

Doch die Maus hat einen neuen klugen Plan.

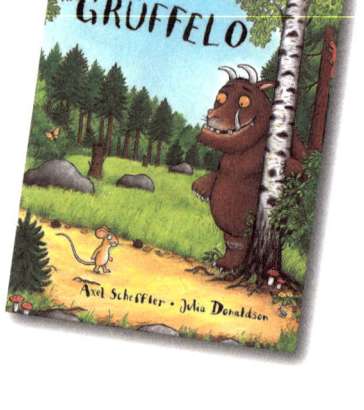

Die Eichhörnchen suchen immer nach Futter.

Sie finden Samenkörner, Walnüsse, Tannenzapfen, Eicheln oder Haselnüsse.

Auch Früchte mögen Eichhörnchen gern.

Mit der guten Nase erschnuppern Eichhörnchen alle Gerüche des Waldes.

Können giftige Pilze dem Eichhörnchen schaden?

Das Nest des Eichhörnchens nennt man Kobel.

Silbenarbeit; Text lesen; zum Thema recherchieren

B b

Die Kinder der Klasse 1b
besuchen heute die Bücherei.
Mit der Leiterin der Bücherei
gehen sie durch die Reihen der Regale.
Sie meint: „Jeder findet sicher
ein Buch, das er gern lesen möchte."

"Meinen Beruf nennt man Bibliothekarin."

Robert möchte wissen:

"Haben Sie auch Bücher über Zebras?"

"O ja, dort drüben findest du einige!"

Die Leiterin der Bücherei redet weiter:

"Wer ein Buch ausleihen möchte,

braucht nur einen Leseausweis."

Die Kinder sind begeistert.

Nach kurzer Zeit haben alle ein Buch gefunden.

Aus a wird ä

Kran — Kräne

Nägel

Nagel

Schwan

Äste

Ast

Schwäne

"Kräne kommt von Kran."

K__sten — ein Kasten

F__den — ein Faden

D__cher — ein Dach

Pl__ne — ein Plan

Aus au wird äu

Baum   Zäune

Zaun   Bäuche

Bauch   Fäuste

Faust   Bäume

Bäuche kommt von Bauch.

2 L____se   * eine Laus

2 Schl____che   ein Schlauch

2 H____ser

dicke Piloten (Diphthonge) markieren; Karten lesen; Karten zuordnen; Regel erkennen und nennen (aus au wird äu); Buchstaben ergänzen

St st

Sebastian ist zu Besuch
bei seinem Patenonkel.
Onkel Stefan hat auf seinem Dachboden
ein Teleskop stehen.
Damit betrachtet er
den Sternenhimmel.
Sebastian und Stefan steigen
die steile Treppe zum Boden hinauf.

Oben muss Stefan das Dachfenster aufmachen.
Sie stellen das Teleskop für Sebastian ein.
Stefan meint: „Beobachten wir den Himmel,
können wir die Sterne wandern sehen.
Nur der Polarstern ist stets
im Norden zu erkennen."

St/st umkreisen; Silbenarbeit; Text lesen; Situation besprechen

Sp sp

Stefan will gerade
das Dachfenster zusperren,
da bemerkt Sebastian Spinnennetze.
In einem Gerüst aus drei Fäden
hat eine Spinne Speichen gezogen.
Im Gerüst weben Spinnen
immer neue Fäden.
In der Mitte des Netzes
befindet sich eine Spirale
aus klebrigen Fäden.

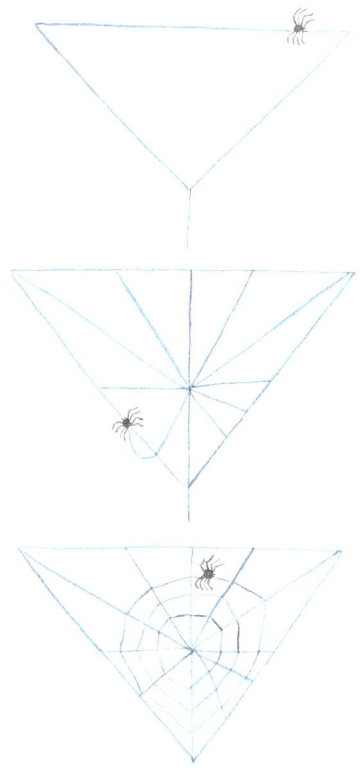

Nun lauert die Spinne auf Beute.
„Was fressen Spinnen eigentlich?",
will Sebastian wissen.

Mögen Spinnen Spaghetti?

ie

Rieke und Ole haben Langeweile.
Der Himmel ist grau.
„So ein mieses Wetter", meint Rieke.
„Heute können wir nicht raus.
Unsere Wiese ist wieder zu nass."

„Können wir fernsehen?", fragen die Kinder.
„Nein", ist die Antwort der Mutter.
„Holt euch doch lieber den Spielekasten."
„Diese Spiele kennen wir doch alle",
rufen Rieke und Ole.

„Ich habe es!", ruft Ole.
„Wir denken uns selber Spiele aus!"

dicken Piloten „ie" markieren; Text lesen; eigene Aktivitäten bei Langeweile nennen

Ein Kind spielt einen Begriff.
Die anderen Kinder müssen den Begriff raten.

spielen – Rieke spielt.

Spielanleitung verstehen und umsetzen; das Spiel anderen Kindern erklären; Ableitungen schreiben; eigene Spielideen sammeln

Qu qu

Ali und Lilo mögen Tiere.
In der Freizeit helfen sie,
Tiere zu schützen.

Heute retten sie Kröten.
Beide sammeln
die quakenden Tiere in Eimern.
Sie tragen sie quer über den Weg,
hinüber zum nahen Teich.
Dort legen die Tiere die Eier hinein.

Auf einmal schreit Ali laut los.
Eine Kröte ist auf seine Hand gesprungen.
Sie ist leicht und kalt.
Behutsam bringen sie die Kröte zum Teich.

Qu/qu umkreisen; Text lesen; über die Entwicklung von Kröten sprechen

Lilo hat eine Frage:

„Warum legen die Kröten die Eier nicht auf die feuchte Wiese, in den Bach oder in eine Quelle?"

Ali antwortet: „Das ist der Geburtsteich. Das Wasser im Teich ist warm. So werden aus Kaulquappen schneller kleine Kröten."

Mein Lieblingswort mit Qu: Quassel-Qualle.

Konsonantendoppelung am Wortende

Wir schneiden Brot auf dem Brett.

zwei	ein/eine
zwei Bälle	ein Ball
zwei Nüsse	eine
zwei Schiffe	
zwei Lämmer	
zwei Betten	

Einmal doppelt – immer doppelt!

V v

Es ist Wochenende.
Tim und Ole treffen sich.
Sie wollen sich eine DVD ansehen.

„Ich habe eine DVD über Vögel
und Gänse mitgebracht", ruft Ole.
Aber Tim freut sich nicht.
Er will seine DVD über Vampire anschauen.
Was nun?
Tim sagt: „Wir werfen eine Münze."
Tim gewinnt.
Ole nörgelt: „Aber Donnerstag
sehen wir meine DVD an.
Das musst du mir versprechen!"

Der Vorhang verdunkelt das Zimmer
und der Film fängt an.

V/v umkreisen; Text lesen; über eigene DVD-Filme erzählen

Der kleine Vampir

Toni lebt mit seinen Eltern in einem alten Schloss.
Nachts träumt er oft von Vampiren.
In der Schule wird er verspottet,
weil er an Vampire glaubt.

Doch eines Nachts findet Toni
einen neuen Freund:
Eine Fledermaus verwandelt sich
in einen Vampir.
Sein Name ist Rüdiger von Schlotterstein.
Seine Familie trinkt kein Blut von Menschen.
Sie mag nur die Milch von Kühen.

Toni und Rüdiger werden Freunde.
Sie suchen ein Amulett.
Dies soll die Familie Schlotterstein von
einem Vampir-Fluch erlösen.
Doch gemütlich wird die Suche nicht.
Es gibt da noch den gemeinen
Vampir-Jäger Geiermeier…

Mensch, den Film gibt es ja auch als Buch!

C c

Die Kinder der 1c dürfen
am Computer arbeiten.
Alle freuen sich.

Carlos ist clever,
mit Computern kennt er sich gut aus.
Er will Carina heute „Antolin" erklären.
Das ist ein Lese-Computer-Programm.

„Du musst dir ein Buch aussuchen", sagt Carlos.
„Ein Buch, das du schon gelesen hast.
Nun kannst du viele Fragen zum Buch beantworten."
Carina antwortet: „Ich habe gestern ein Buch
über Computer gelesen.
Carlos tippt das Buch mit der Maus an.
Es erscheinen Fragen.
Carina ruft: „Das ist ja wie ein Quiz! Cool!"

C/c umkreisen; Text lesen; Text besprechen; von eigenen PC-Erfahrungen berichten

Im Wochenplan ist eine tolle Aufgabe:
Die Kinder sollen ein Gedicht am Computer eintippen.
„Ich helfe Carmen.
Wir arbeiten zusammen!", ruft Caroline.
Die beiden fangen sofort an.

Sie meinen: „Am PC arbeiten ist cool."
Was meinst du dazu?

☐ Ich schreibe gern und viel am Computer.

☐ Ich spiele am liebsten am Computer.

☐ Ich surfe oft im Internet.

☐ Mich interessieren Computer nicht.

Das mache ich besonders gern am Computer:

_____
_____
_____

_____
_____
_____

Text lesen; Text besprechen; Meinungen lesen und ankreuzen; selber Aktivitäten am Computer aufschreiben

Doppelung bei Verben

Das Sportfest beginnt.
Zuerst muss Victor laufen.
Er rennt los und fällt hin.
Victor rappelt sich auf
und schleppt sich ins Ziel.
Beim Springen und Werfen klappt es besser.
Am Ende bekommt er eine Urkunde.

er	wir
er beginnt	wir beginnen
er schwimmt	wir
er rollt	
er muss	
er trifft	

Silbenarbeit; Text lesen; Situation erkennen und Rechtschreibphänomen benennen; Verben in der Wir-Form bilden

ck und tz

Wörter mit ck und tz schwingen, zuordnen und aufschreiben; Ableitungen/Grundformen zu Wörtern mit tz und ck finden und aufschreiben

Pf pf

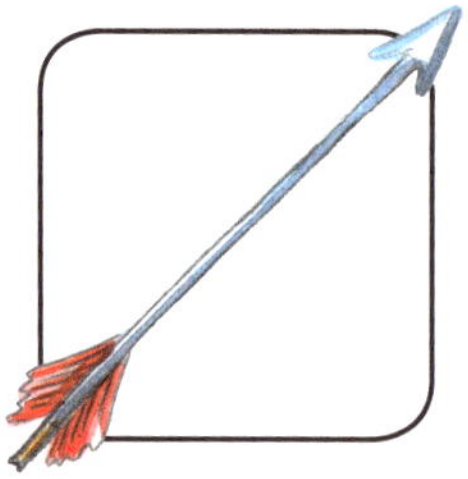

In den Ferien reisen Mose und Susi
auf den Pferdehof „Schnelle Hufe".
Eine Woche dürfen sie dort
verbringen.
Jeder bekommt sogar
ein eigenes Pflegepferd!

Die Pferde der Kinder sind pfiffige Tiere.
Nach einigen Tagen erkennen sie
die kleinen Reiter schon am Rufen.
Jeden Tag helfen die Kinder
bei der Pflege der Reitpferde.
Mose und Susi striegeln die Tiere
und misten den Stall aus.
Mittags bekommen sie Pfannkuchen
mit Pfirsichkompott.
Auch die Tiere bekommen ein Leckerli.

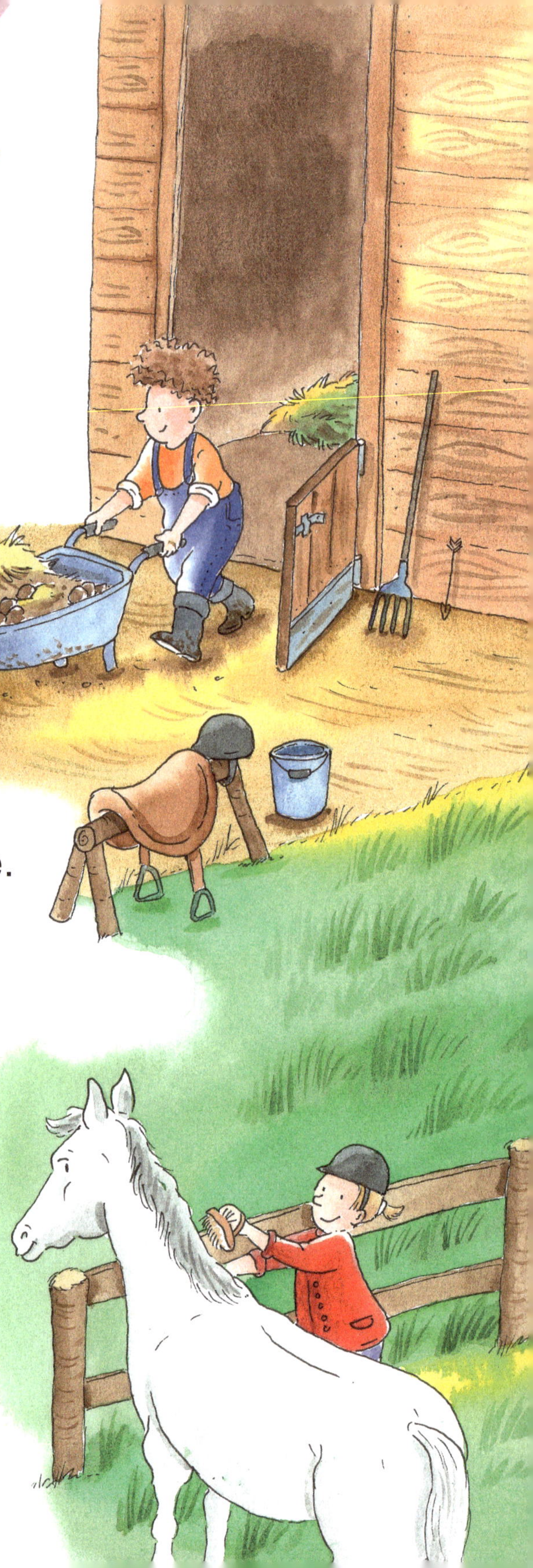

ß

Mitte der Woche fängt es draußen
furchtbar an zu regnen.
Als der Regen aufhört,
ist die große Wiese ganz matschig
und überall stehen Pfützen.
Nun ist an Reiten nicht mehr zu denken.
Schade!

Aber die Freude lassen sich
Mose und Susi nicht verderben!
Sie schreiben Postkarten.
Oma und Opa freuen sich immer
über Urlaubsgrüße.

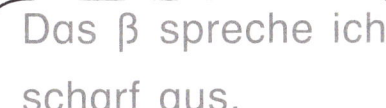

Das ß spreche ich scharf aus.

ß umkreisen; ß sprechen; Text lesen

X x

Das ist die Hexe Lilli.
Eigentlich ist sie keine Hexe,
sondern ein Kind –
so wie du es bist.

Aber sie hat ein Hexenbuch.
Pssst, das ist geheim.
Sie ist eine richtige Geheimhexe.
Die Hexe Surulunda Knorx hat
das Buch bei Lilli vergessen.

In dem Hexenbuch
stehen viele Zaubereien
und wilde Hexensprüche.
Zum Beispiel kann sich Lilli
in andere Länder und
Zeiten hexen.

x umkreisen; Text lesen; Hexengeschichten über Hexe Lillis Reisen erzählen oder schreiben

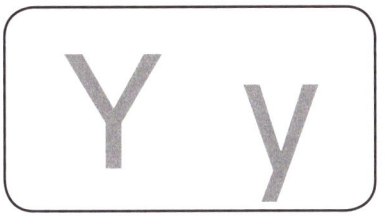  

Jenny und Felix lesen im Kinderatlas:

In Ägypten gibt es Pyramiden, die 4000 Jahre alt sind. Die alten Könige wurden darin begraben. In den Pyramiden gab es weit verzweigte Gänge.

Der Himalaya ist die höchste Gebirgskette der Welt. Man sagt, dort soll der Yeti leben. Das ist ein Schneemensch.

Andere Länder:

Einteilung der Wörter

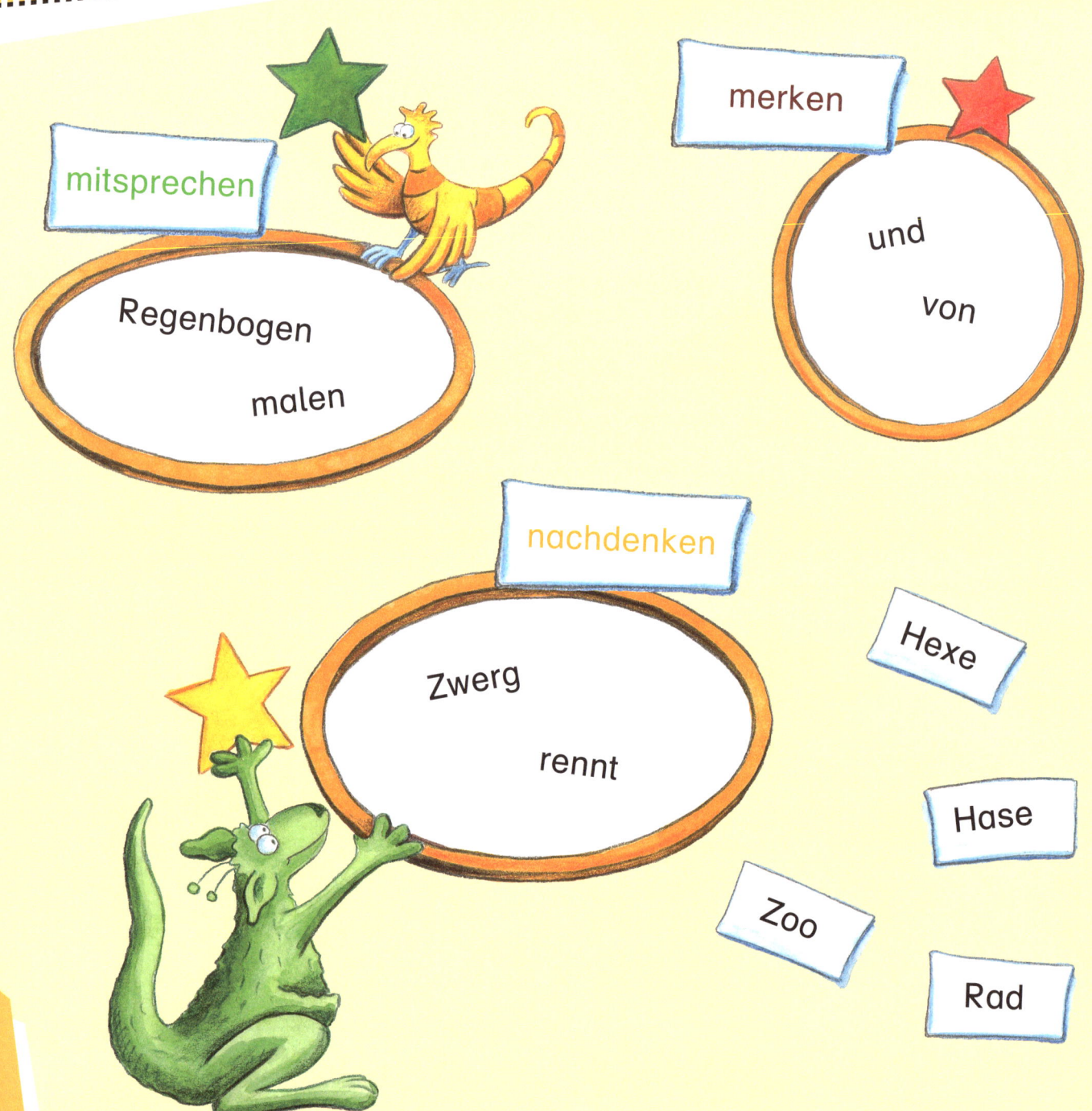

sitzen   Hund   viele   Yeti   fahren   lesen
Computer   ~~rennen~~   gelb   stehen   Ball

rennen

Mitsprechwörter, Nachdenkwörter und Merkwörter in entsprechende Felder schreiben

Das Schreib-Ufo

Wörter kontrollieren

Abschreiben

Lies in Silben.

Verdecke das Wort.

Sprich genau mit und schreibe.

Kontrolliere.

Partnerdiktat

 Lies den Text.

 Suche ein Partnerkind.

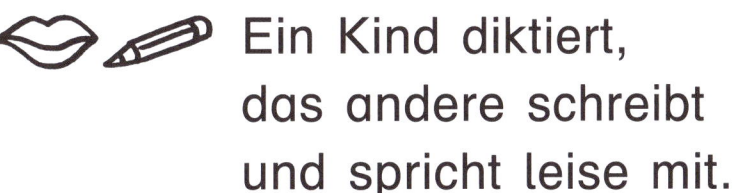 Ein Kind diktiert,
das andere schreibt
und spricht leise mit.

 Danach wird gewechselt.

✓ Kontrolliere deinen Text.
Ein Fehler?
Überlegt gemeinsam!

Karibu

Erarbeitet von:
Katharina Berg
Astrid Eichmeyer
Heidrun Kunze
Esther Mager
Claudia Stiebritz
Kerstin von Werder

Wissenschaftliche Beratung:
Carola Reuter-Liehr
Dr. Lisa Dummer-Smoch

Quellenverzeichnis

S. 8 (Fotos), Klaus G. Kohn; S. 29 (Foto), © Grapheast / Alamy; S. 31 Jürgen Spohn, Getuschel. In: Drunter und Drüber, C. Bertelsmann Verlag, München 1980, © Barbara Spohn, Berlin; S. 34 (Fotos), Klaus G. Kohn; S. 37 (Foto, o.li.) Jahreszeiten Verlag / Michael Bernhardi; (Foto, o.re.) © Biosphoto / Gunther Michel; (Foto, u.) WILDLIFE; S. 44 Peter Spier, Menschen, Thienemann Verlag; S. 49 Otfried Preußler, Josef Lada, Kater Mikesch, Patmos Verlag; S. 53 Bernhard Lassahn, Piraten, illustriert von Peter Klauke, Arena Verlag; S. 64/65 Paul Maar, Der Wutkuchen, Verlag Friedrich Oetinger GmbH, Hamburg; S. 66 Cover „Grüffelo" und „Abbildung Maus" aus Axel Scheffler „Der Grüffelo" © 1999 Beltz & Gelberg in der Verlagsgruppe Beltz, Weinheim & Basel; S. 67 Pierre de Hugo, Karin Messmer, Das Eichhörnchen, © Esslinger Verlag J. F. Schreiber GmbH (Foto, u.), Reinhard-Tierfoto; S. 88 aus: Knister, Hexe Lilli und die wilden Dinos, Illustrationen von Birgit Rieger © 2005 Arena Verlag GmbH, Würzburg

Trotz entsprechender Bemühungen ist es nicht in allen Fällen gelungen, den Rechteinhaber ausfindig zu machen. Der Verlag ist für entsprechende Hinweise dankbar. Berechtigte Ansprüche werden im Rahmen der üblichen Vereinbarungen abgegolten.